Franziska Rascher

WLAN - Wireless Local Area Network: Entwicklung und Ausblick

GRIN Verlag

Bibliografische Information der Deutschen Nationalbibliothek:

Die Deutsche Bibliothek verzeichnet diese Publikation in der Deutschen National-
bibliografie; detaillierte bibliografische Daten sind im Internet über http://dnb.d-
nb.de/ abrufbar.

Impressum:

Copyright © 2003 GRIN Verlag GmbH
Druck und Bindung: Books on Demand GmbH, Norderstedt Germany
ISBN: 978-3-638-74690-8

Dieses Buch bei GRIN:

http://www.grin.com/de/e-book/14592/wlan-wireless-local-area-network-entwick-
lung-und-ausblick

GRIN - Your knowledge has value

Der GRIN Verlag publiziert seit 1998 wissenschaftliche Arbeiten von Studenten, Hochschullehrern und anderen Akademikern als eBook und gedrucktes Buch. Die Verlagswebsite www.grin.com ist die ideale Plattform zur Veröffentlichung von Hausarbeiten, Abschlussarbeiten, wissenschaftlichen Aufsätzen, Dissertationen und Fachbüchern.

Besuchen Sie uns im Internet:

http://www.grin.com/

http://www.facebook.com/grincom

http://www.twitter.com/grin_com

WLAN - Wireless Local Area Network

von

Franzi Roth

Franziska Roth

*Wahlpflichtfach
e-Business*

WLAN
Wireless Local Area Network

Georg-Simon-Ohm
Fachhochschule Nürnberg
Fachbereich Betriebswirtschaft

Sommersemester 2003

1. Inhaltsverzeichnis

2. Die Welt wird drahtloser

Erstmals 1971 an der Universität von Hawaii miteinander kombiniert, wird drahtlosen Datennetzen und Funktechnologien große Zukunft vorausgesagt. Sie erfüllen den Traum, frei von lästigen Kabeln - „anywhere" und „anytime" - kommunizieren zu können. Die Netzwerkindustrie wollte dem Boom bei mobilen EDV-Geräten wie Notebooks und PDAs mit einem adäquaten Medium begegnen, um die gewonnene Mobilität auf die Vernetzung auszudehnen. Aufgrund historisch gewachsener Verbindungsprotokolle und regional unterschiedlicher Regularien für die Benutzung von Funkfrequenzen - nicht alle Kanäle sind gleich frei verfügbar – ist das eine komplexe Aufgabe.

3. Abgrenzung der Thematik

Die Industrie bietet neben WLAN (Wireless Local Area Network) mit HiperLan/2 (High Performance Radio Local Area Network, Type2) und Bluetooth gleich mehrere Netzwerkstandards, die gegeneinander um Marktanteile buhlen. Die aktuell besten Chancen haben[1] die nach dem IEEE-Standard 802.11 gefertigten Produkte. Sie waren am schnellsten auf dem Markt und werden mit dem Begriff WLAN assoziiert.

1985 begann die Arbeitsgruppe 802 des Institute of Electrical and Electronic Engineers (IEEE) – zuständig für die Standardisierung von LAN-Standards – sich mit drahtloser Netzwerktechnologie zu befassen. Sie bestätigte zwölf Jahre später den Standard IEEE802.11. Die davon gängigste Variante ist heute WLAN gemäß dem Standard IEEE802.11b, das in diesem Jahr die Erweiterungen durch IEEE802.11g und IEEE802.11h sowie 2004 durch IEEE802.11i erfährt.

Das echtzeitfähige und zur Übermittlung von Sprache geeignete Bluetooth soll dagegen im Nahbereichsfunk das Kabel zwischen Maus und PC, zwischen Handy und Headset oder zwischen PC und PDA ersetzen. Die europäische Technologie weist standardisierte Schnittstellen zum Mobilfunknetz der 3. Generation (3G) UMTS aus. Da echtzeitfähig, ist es besser als IEEE802.11-WLANs für die Übertragung von Sprache und Multimedia geeignet. Es ist jedoch weder in markgängigen Produkten zu finden, noch bereits vollständig entwickelt.

---

[1] Wireless LAN's Networkers' Guide/ Bluetooth, HiperLAN, WLAN&Co/ Arno Kral, Heinz Kreft/ Mark und Technik Verlag (München)/ 2003/ Seite 14

Dass man sich überhaupt mit verschiedenen technologischen Ansätze für das gleiche Aufgabenfeld – die drahtlose Transmission von Daten, Sprache und Video – beschäftigen muss, liegt weniger an der Technologie als an historisch gewachsene Interessen wie die Nutzung bestimmter Frequenzbänder für militärische und zivile Zwecke sowie an staatlicher Regulierung. Für die Nutzung der Frequenzbereiche sind die nationalen Gesetzgeber zuständig. Es gibt bis heute weltweit keine einheitliche Freigabe des lizenzfreien 2,4 GHz-Bandes. Wobei die Verfügbarkeit der Kanäle in diesem Band überschaubar sind. Technisch gesehen sind für IEEE802.11b-Geräte im lizenzfreien 2,4 GHz-Frequenzband 14 Kanäle definiert, von denen die ETSI (European-Telecommunications-Standards-Institute) für die Nutzung in Deutschland 13 freigegeben hat. In den USA können elf verwendet werden, in Frankreich nur vier. Damit lässt sich weltweit einheitliche Hardware verwenden, die Einschränkung der Kanäle erfolgt per Firmwareprogrammierung und Treiber.

Derzeit von WLAN-Herstellern begehrt ist das 5-GHz-Band. Es wird jedoch in Europa für die zivile Luftüberwachung genutzt, was eine Freigabe erschwert. Im 5 GHz Band unterscheiden sich die nationalen Vorschriften wesentlich, was Hersteller zu einer Auffächerung ihrer Produktpalette zwingt und zu verschiedenen Standarderweiterungen wie IEEE802.11a und IEEE802.11h geführt hat. Die USA haben diesen Bereich bereits zugelassen. Europa hat diesen Bereich erst aktuell in Zulassung. Entsprechend sind die nationalen Regularien noch uneinheitlich. Die ETSI hält in Erweiterung des IEEE-Standards 802.11a noch zwei weitere Funktionalitäten für erforderlich: TPC (Transmission Power Control), eine automatische Anpassung der Sendeleistung in Abhängigkeit der Signalstärke und DFS (Dynamic Frequency Selection), ein automatischer Frequenzwechsel im Falle von Überlagerungen. Die entsprechende Norm dazu (IEEE802.11h) ist in Vorbereitung und wird vermutlich Ende 2003 verabschiedet. Die deutsche RegTP (Regulierungsbehörde für Telekommunikation und Post) hat diese beiden Funktionen verbindlich in ihre Allgemeinzulassung übernommen. Ebenfalls abweichend vom 802.11a Standard wurden von der deutsche RegTP andere Frequenzbereiche im 5-GHz-Band als zum Beispiel in den USA erlaubt, was die Hersteller entsprechend berücksichtigen müssen.

4. Wireless Local Area Network (WLAN)

4.1 Was ist ein WLAN?

WLAN steht als Abkürzung für Wireless Local Area Network (kabelloses lokales Netzwerk) und dient der leitungsfreien Überbrückung von Entfernungen mit Datenraten von mindestens 1 Mbit/s bis derzeit in Deutschland maximal 11 Mbit/s. WLAN überbrückt Entfernungen zwischen drei und 300 Metern, um den typischen Ausdehnungen von Arbeitsgruppen gerecht zu werden. Die bereitgestellte Technologie hat das IEEE im Standard 802.11 und dessen Erweiterungen 11b, 11a, 11d, 11e, 11g und 11h spezifiziert. Um den lizenzfreien Betrieb zu ermöglichen, setzten die Standardgeber 1997 zunächst auf das ISM-Band im 2,4 GHz-Frequenzbereich zur Nachrichtenübermittlung, in dem gleichzeitig unkritische Aufgaben wie das Erhitzen von Speisen in der Mikrowelle verrichtet werden, weshalb es für industrielle, wissenschaftliche (Scientific) und medizinische Zwecke (=ISM) freigegeben wurde.

Die erst nach der b-Variante verfügbare IEEE802.11a-Version nutzt dagegen Teile des 5-GHz-Spektrums. Dieses Frequenzband wird in Europa zugleich von brisanten Diensten genutzt wie durch das zivile Luftüberwachungsradar. Die Integration von Sprach- oder anderen Echtzeitdiensten stand bei der Entwicklung von WLAN nicht im Vordergrund. Deshalb sind andere Technologien wie HiperLAN/2 oder Bluetooth für ein Management von Echtzeitanwendungen besser geeignet.

4.2 Wie funktioniert das WLAN?

WLANs werden in Flughäfen, Hotels, Gaststätten und Stadtzentren eingesetzt. Die Funkübertragung findet außerdem zunehmend flächenweite Verbreitung an öffentlichen Plätzen, den sogenannten Public Hot Spots. Dort dienen Hot Spots der punktuellen Versorgung bei hohem Datenaufkommen in kleinen Bereichen und als flexibles Zugangsmedium zum Internet.

Anwender benötigen einen Laptop oder einen PDA (=Mobile Station) mit einer WLAN-Karte. (siehe Abbildung 1) Außerdem müssen Anwender auch dazu bereit sein, die relativ junge Technik zu verwenden. Erfüllen WLAN-Nutzer diese Voraussetzungen, müssen sie sich am Beginn wegen Ressourcenbegrenzung und

Abrechnung zunächst Authentifizieren. Die Mobilen Stationen nehmen dann mit einem Access Point (=Basisstation) Kontakt auf. Dabei kann das WLAN so aufgebaut sein, dass mehrere Mobile Stationen auf einen Access Point zugreifen oder dass ein Netz, das aus mehreren Access Points besteht, existiert, wobei letzteres derzeit nur mit wenigen Produkten funktioniert. Access Points sind die Infrastruktur eines WLANs. Mobile Clients funken also einen Access Point an. Von diesem werden dann die Daten verteilt. Der Access Point lässt sich an die Internetzugangsleitung anschließen, so dass die mobilen Geräte auf das Internet zugreifen können.

4.3 Wie gelangen die Daten ins Medium (=Frequenzband)?

Die IEEE802-Systeme nutzen unterschiedliche physikalische Verfahren zur Datenübertragung. Diese sogenannten Spread Spectrum-Übertragungsverfahren wurden ursprünglich für militärische Anwendungen entwickelt, um Daten abhörsicher zu übermitteln. Dabei erfolgt ein Aufspreizen der Daten über einen größeren Frequenzbereich als der des Nutzsignals. Ein positiver Nebeneffekt ist, dass dabei der Einfluss von Störquellen minimiert wird.

Die ersten IEEE802.11-WLANs setzten als Übertragungstechnologie auf FHSS (Frequency Hopping Spread Spectrum). Es handelt sich um ein Frequenzumtastverfahren, das das Nutzsignal über permanent abwechselnde Trägerfrequenzen überträgt und damit zum einen das Abhören erschwert und zum anderen Trägerfrequenzen mit starken Störern ausspart. Da für dieses Verfahren eine große Anzahl von Trägerfrequenzen und damit Bandbreite für Datenübertragung benötigt werden, erzielt es nur von 1 bis 2 Mbit/s.

Heute auf dem Markt dominierende IEEE802.11b-Produkte setzen auf DSSS (Direct Sequence Spread Spectrum) als Übertragungstechnologie und erzielen Bruttodatenraten von 11 Mbit/s. Sie müssen jedoch aus Gründen der Abwärtskompatibilität Datenraten bis herab zu 1 Mbit/s beherrschen. Bei diesem Verfahren erfolgt eine Aufspreizung des Nutzsignals über den gesamten verfügbaren Frequenzbereich im ISM-Band (2,4 bis 2,4835 GHz). Dadurch werden höhere Übertragungsgeschwindigkeiten und eine noch geringere Empfindlichkeit gegenüber Signalüberlagerungen und Störern erreicht. Der Sender verschlüsselt Datenbits in einer Pseydozufallsfolge. Das Nutzsignal erscheint als Rauschen für nicht autorisierte Zuhörer. Die Umkehr der Bandspreizung erfolgt beim Empfänger, wo das Signal wieder aus dem scheinbaren Rauschpegel herausgehoben wird.

Die voraussichtlich in Deutschland ab dem Sommer 2003 betreibbaren Geräte gemäß IEEE802.11g nutzen zur Steigerung auf Übertragungsraten von 22 bis 54 Mbit/s das komplexe OFDM (Orthogonal Frequency Division Multiplexing) als Übertragungstechnologie, ein Modulationsverfahren zur Übertragung mehrerer Trägerfrequenzen (Multi Carier), bei dem die zeitgleiche Verteilung von Bits auf einen Subträger erfolgt. Das spart Bandbreite und ermöglicht höhere Datenübertragungsraten, da sich die Frequenzkanäle der Unterkanäle (Subträger bzw. Subcarier) überlappen dürfen. Liegen die Subträger im optimalen Abstand zueinander liegen, besteht Orthogonalität. Die spektralen Nulldurchgänge des einen Trägers liegen dann dort, wo die Spektren seiner Nachbarträger ihr Maximum haben.

4.4 Probleme bei der Datenübertragung

A Mehrwegausbreitung

Die Übertragung von Datenraten per Funk ist aufwändiger als drahtgebunden, denn Funkwellen breiten sich im freien Raum in alle Richtungen aus und werden von Gegenständen reflektiert bzw. gedämpft. Damit ist die Zuverlässigkeit bei Funkstrecken schlechter als bei Kabelstrecken. Bewegt sich ein Signal über drahtloses Medium, so besteht es also aus zeitversetzten und gewichteten Versionen des gesendeten Signals. Dem kann man mit Entzerrern beikommen. Es steigen jedoch mit zunehmender Komplexität auch die Kosten für solche Entzerrersysteme.

B Intersymbol-Interferenz

Intersymbol-Interferenz behindert die Steigerung der Datenraten in Funk-LANs als eine Folge der Mehrwegausbreitung. Der Empfänger erhält verschiedene Versionen eines gesendeten Signals auf direktem Weg oder reflektiert, die zu unterschiedlichen Zeitpunkten bei ihm ankommen. Damit kann das gesendete Signal selbst beim Empfänger stören. Bei hohen Datenraten können sich zwei aufeinander folgende Signale durch hohe unterschiedliche Verzögerung überlagern, was sich nur bedingt durch Entzerrer beseitigen lässt. Das ist aber ebenfalls eine Kostenfrage.

C Kollisionen

Beim Medium Funk erfolgt wie beim traditionellen Ethernet der Zugriff mehrerer Stationen auf ein Medium. Das heißt, sie konkurrieren um ein Frequenzband. Die Koordinierung des Medienzugriffs bei WLANs nach IEEE802.11 erfolgt über Kontrollverfahren, bei denen die Zugriffsmodi dynamisch zugeteilt werden oder eine Bandbreitenreservierung – also eine Reservierung von Zeitabschnitten für den Datenverkehr – erfolgt. Dabei werden Kollisionen vermieden, indem der aktive Sendeteilnehmer zur eigentlichen Nachricht die Dauer seiner Aussendung, die für die Übertragung benötigt und damit wie lange das Medium voraussichtlich belegt sein wird, addiert. Die anderen Funkkreisteilnehmer verhalten sich während dieser Zeit still.

D Datenverlust

Während der Kommunikation können auch Daten verloren gehen. Kollisionen werden durch Pausen vermieden, in denen die Stationen nicht senden, sondern nur den Übertragungskanal abhören. Eine Station darf nach Abschluss der vorhergehenden Übertragung erst nach Verstreichen einer für den zu sendenden Frame charakteristischen Zeit wieder auf den Kanal zugreifen. Stationen können das Medium einen bestimmten Zeitraum für sich reservieren. Doch das ist keine Garantie für die Vermeidung von Kollisionen. Der IEEE802.11-Standard minimiert jedoch die Zeitspanne, in der Kollisionen vorkommen können. Da Kollision zum Verlust der betroffenen Daten führt, muss der Empfänger den korrekten Empfang eines jeden Datenpaketes quittieren bestätigen. Erhält der Sender nach dem Senden vom Adressaten keine Bestätigung, ist das Datenpaket verloren gegangen und sie muss es erneut senden

4.5 IEEE802.11 und die einzelnen Standards

Das IEEE geht unter dem Druck von Mark und Industrie bei der Standardisierung im WLAN-Bereich den Weg der kleinen Schritte. Inzwischen gibt es zahlreiche Varianten des ursprünglichen IEEE802.11-Standards.

1997 bestätigte das IEEE den ersten drahtlosen Standard **IEEE802.11**. Er ermöglichte die Produktion von Produkten mit einer Bruttoübertragungsrate von 1

Mbit/s im 2,4-GHz-ISM-Band und verwendete die FHSS-Übertragungstechnologie. Dieser Standard fand in dieser Form keine große Nutzergruppe.

Seit 1999 gibt es den **IEEE802.11.b**-Standard, der vor der a-Variante auf dem Markt kam und inzwischen über die höchste Markdurchdringung verfügt. Der WLAN-Standard verwendet die Übertragungstechnologien FHSS und DSSS und erreicht eine Datenrate von 11 Mbit/s im 2,4-GHz-ISM-Band. IEEE802.11b-Geräten steht nicht überall in der Welt das gesamte 2,4 GHz-ISM-Band zur Verfügung. Zudem sind im 2,4-GHz-Frequenzbereich Beeinträchtigungen durch Bluetooth zu erwarten, da diese Technologie ebenfalls auf das zwar lizenzfreie, aber auch sehr schmale Frequenzband zurückgreift.

Erst seit 2002 gibt es den **IEEE802.11a**-Standard, der mit der Übertragungstechnologie OFDM maximal 54 Mbit/s im 5-GHz-NICHT-ISM-Band erreichen kann. Das 5-GHz-Band ist weltweit nicht lizenzfrei zugänglich, was eine Markeinführung von Produkten, die auf diesem Standard basieren, schwierig macht. Dennoch verfügt der IEEE802.11a-Standard über den großen Vorteil, dass das 5-GHz-Band weniger überlaufen ist als das 2,4-GHz-Band, so dass ein Ausweichen in diesen Frequenzbereich durchaus als Alternative in Betracht gezogen werden kann. Es tummeln sich aber auch kritische Dienste wie das Radar für Luftraumüberwachung in diesem Frequenzbereich. Faktoren für das Ausweichen auf andere Frequenzen (DFS) und adaptive Regelung der Sendeleistung (TPC) fehlen bei diesem Standard noch, ebenso die Abwärtskompatibilität zu IEEE802.11b-Produkten. Deshalb wird er in Europa nicht richtig akzeptiert.

Der als „World Mode" bezeichnete **IEEE802.11d**-Standard dient der Harmonisierung von Access Points um die weltweit unterschiedlichen Regularien für die Nutzung der knappen Ressource Frequenz und die daran geknüpften spezifischen Sendeleistungen beizubringen. Für verschiedene Länder sollen keine unterschiedlichen Access Points mehr benötigt werden, sondern der gleiche überall eingesetzt und nur softwareseitig durch Eingabe des Betriebsstandortes den örtlichen Gegebenheiten angepasst werden.

Beim sich noch im Entwurf befindlichen **IEEE802.11e**-Standard handelt es sich um eine Erweiterung der Standards IEEE802.11a und IEEE802.11g und um einen Mechanismus, der QoS (Quality of Service) bietet, also Bandbreitengarantie und damit ein vorsichtiges Herantasten an HiperLAN/2 darstellen soll. Ziel ist die vernünftige Verteilung von Sprache, Video und Audio, was bereits Grundbestandteil von HiperLAN/2 ist. Ob das jemals funktionieren wird, ist nach Auffassung großer Firmen wie Sony noch zweifelhaft.

IEEE802.11f ist ebenfalls noch im Entwurf und eine Erweiterung der Standards IEEE802.11a und IEEE802.11g Damit sollen das Roaming – also das unterbrechungsfreie Weiterreichen Mobiler Teilnehmer von einer Funkzelle in die nächste zwischen verschiedenen Access Points ermöglicht und die einzelnen Fähigkeiten von Access Points definiert werden. Es handelt sich um einen Standardzusatz, der die Interoperlabilität unterschiedlicher Hersteller verbessern soll.

Ab Sommer diesen Jahres soll es den **IEEE802.11g**-Standard geben, der 54 Mbit/s im 2,4-GHz-ISM-Band mit den Übertragungstechnologien OFDM und DSSS erreichen kann. Mit der Weiterentwicklung des IEEE802.11b-Standards will die IT-Industrie auch im 2,4-GHz-Frequenzband eine 22 bis 54 Mbit/s schnelle Technologie bereitzustellen. Deshalb wird das schnelle OFDM Verfahren aus IEEE802.11a als obligatorisches Modulationsverfahren übernommen, jedoch verträglich mit IEEE802.11b gestaltet. Gleichzeitig verspricht dieser WLAN-Standard Abwärtskompatibilität zu den bereits massenhaft verwendeten IEEE802.11b-Produkten, so dass keine verschiedenen WLAN-Karten mehr nötig sein werden. Der IEEE802.11g-Standard steht kurz vor der Einführung. Damit dürfte dann die Migration bestehender und zukünftiger Standards für das 2,4 GHz-Band beendet sein. Es ist zu erwarten, dass IEEE801.11g den IEEE802.11b-Standard ablöst Damit werden irgendwann alle WLAN-Systeme des 2,4 GHz-Bandes in diesem Standard auflaufen.[2] Falls der Standard wie geplant im Juni/Juli 2003 vorliegt, dürfte die Zertifizierung von 802.11g-Geräten etwa im vierten Quartal 2003 anlaufen. Das bedeutet, dass erst Anfang 2004 damit zu rechnen ist, dass IEEE-802.11g-Produkte in größeren Stückzahlen auf den Markt kommen.

---

[2]Wireless LAN's Networkers' Guide/ Bluetooth, HiperLAN, WLAN&Co/ Arno Kral, Heinz Kreft/ Mark und Technik Verlag (München)/ 2003/ Seite 135

Der **IEEE802.11h**-WLAN-Standard verwendet OFDM und erreicht im 5-GHz-Band eine Datenrate von 54 Mbit/s. Vom bislang in Europa für die Anwendung WLAN noch unbenutzten Frequenzband bei 5 GHz sind Teilbereiche in Deutschland Ende 2002 durch die RegTP freigegeben worden. Der Standard für diese Technologie hat die Bezeichnung IEEE 802.11a/h, wobei 802.11a die Variante für die USA ist. Die h-Variante soll als Sonderfall in Europa und damit in Deutschland zugelassen werden. Eine Ausnutzung der gesamten in Europa zur Verfügung stehenden Möglichkeiten und auch die Beachtung von zusätzlichen Forderungen bei 5 GHz soll mit dem Standard 802.11h erfolgen, der die zwei Bedingungen, die automatische Wahl des Frequenzkanals (DFS) und die dynamische Anpassung der Sendeleistung (TPC), einmal erfüllen soll. Diese Auflagen sind notwendig, da in Europa Satelliten- und Radarsysteme in diesem Frequenzband nicht gestört werden dürfen. Aus der Sicht des IEEE bildet dieser Standard eine Art Endpunkt für alle WLAN-Verfahren, die im 5-GHz-Band definiert sind. Damit stellt auch dieser Zukunftsstandard das Nonplusultra dar, was Leistungsfähigkeit und Flexibilität betrifft. Mit seiner Ratifizierung im Herbst 2003 gerechnet, so dass Produkte frühestens Ende 2003 verfügbar sein werden.

Bei **IEEE802.11i** handelt es sich um eine Erweiterung für die Standards IEEE802.11, IEEE802.11b, IEEE802.11g, um Sicherheitslücken zu schließen. Mit einer Verabschiedung wird nicht vor 2004 gerechnet.

Problematisch wird es bei der Kompatibilität der verschiedenen Spezifikationen. Die technische Seite von IEEE 802.11a verhindert eine Zusammenschaltung von Hardware des Typs a mit Hardware des Typs b oder g. Als Alternative müssen Anwender einmal Dualband-Karten verwenden, die beide Standards unterstützen, um auf der sicheren Seite zu stehen. Systeme des IEEE802.11g Standards sind vollständig kompatibel mit der IEEE802.11bTechnik, arbeiten dann aber nur mit 11 MBit/s Bandbreite. Als Ausblick für einen Zeithorizont von etwa 2 Jahren und als Lösung der Technologiefrage bei WLANs ist also zunächst einmal mit Kombi-Modulen zu rechnen. Sie sollen einen vollständig abwärtskompatiblen Standard IEEE 802.11g im 2,4 GHz-Band und gleichzeitig die Standards IEEE802.11a und

IEEE802.11h im noch wenig genutzten 5 GHz-Band unterstützen, so wie man es von Dual-Band-Handys kennt.

5. Hip, Hype, Hiper - WLAN und HiperLAN/2

Während der IEEE802.11x-Standard nicht alle drahtlosen Kommunikationsbedürfnisse abdeckt – insbesondere fehlt ein Echtzeitdient für Sprach- und Videoübertragung, handelt es sich bei HiperLAN/2 um einen Standard vom ETSI für drahtlose Kommunikation von Daten und Sprache. Das europäische initiierte Pendant zu IEEE802.11 stellt einen umfassenderen Ansatz für die drahtlose Übertragung hoher Datenraten mit einer Bruttodatendurchsatzrate von bis zu 54 Mbit/s bei Verwendung der Übertragungstechnologie OFDM dar. HiperLAN/2 nutzt dafür- wie IEEE802.11a - das nicht lizenzfreie 5-GHz-Band. Genau wie WLANS können HiperLAN/2-Netze in Büros, auf Firmengeländen oder in Privathaushalten untergebracht werden. Eine der Stärken von HiperLAN/2 ist die Flexibilität, denn es enthält anders als IEEE802.11 integrierte Schnittstellen zu UMTS sowie zu IEEE1394, den die Unterhaltungsindustrie als Standard für die Heimvernetzung favorisiert. HiperLAN/2 etablieren wie WLANs Funkverbindungen zwischen Mobilen Terminals und einer Basisstation, dem Access Point. HiperLAN/2 unterstützt – anders als IEEE802.11-Varianten – einen Quality of Service (QoS), indem es dynamisch veränderbare Zeitschlitze vergibt. (Bandbreitengarantie) Das ist Voraussetzung für Echtzeitanwendungen wie Multimedia-Applikationen sowie Sprach- und Videoübertragungen.

HiperLAN/2 kann zudem eingesetzte Ressourcen (Sendeleistung, Sendekanäle, Sendefrequenzen) präzise überwachen und dynamisch neu vergeben und damit effizienter nutzen als jeder der etablierten WLAN-Standards, denn HiperLAN/2 enthält bereits ab Standard eine Funktion zur automatischen Abregelung der Sendeleistung, die Transmit Power Control (TPC) sowie eine Stromsparfunktion, was der aktuelle IEEE802.11-Standard nicht hat. Diese Definitionslücke soll erst Ende 2003 durch den Zusatz IEEE802.11h geschlossen werden. Bei HiperLAN/2 kann man deshalb zum einen die Hochfrequenzstrahlung minimieren und zum anderen bei einem mobilen Knoten Akku-Kapazität sparen. Geräte für HiperLAN/2 und deren

Preise sind noch nicht bekannt. Mit Ankündigungen halten sich Hersteller bedeckt.[3] Da es weder kauffertige Lösungen gibt noch eine wenigstens europaweite Freigabe des Frequenzbereiches im Regelbetrieb, besitzt HiperLAN/2 keine Marktrelevanz. Es muss aber gesagt werden, dass die eingeschränkte Zulassung durch die regulatorischen Behörden in Europa ist nicht HiperLAN/2-spezifisch ist, sondern alle 5-GHz-Standards tangiert, also auch IEEE802.11a.

6. W-LAN und Bluetooth

Stark im Kommen und gern vom jeweiligen Marketing zu WLAN-Produkten stilisiert, ist die mit 10 Metern in der Leistungsklasse 3, 25 Metern in der Leistungsklasse 2 und 100 Metern in der Leistungsklasse 1 deutlich bandbreiten- und reichweitenschwächere Bluetooth-Technologie. (siehe Abbildung 2) Die Erfinder strebten kein lokales Netzwerk, sondern schlicht einen drahtlosen Ersatz für Kabel zwischen Handy und Headset, PC und Drucker, Modem oder Tastatur an. Damit handelt es sich um einen weiteren Standard für die drahtlose Kommunikation zwischen mobilen und stationären Geräten. Die Funktechnologie gewährleistet größere Bewegungsfreiheit, weil die miteinander kommunizierenden Geräte nicht aufeinander ausgerichtet sein müssen, Bluetooth damit also auch durch Wände senden kann. Bluetooth arbeitet wie WLAN gemäß IEEE802.11, IEEEE802.11b und IEEE802.11g im lizenzfreien 2,4-GHz-ISM-Band und sendet mit einer Bruttodatenrate von 1 Mbit/s, wobei eine Erweiterung auf 2 Mbit/s oder sogar 12 Mbit/s in der nächsten Bluetooth-Generation geplant ist.

Die Industrie trachtet danach, alle Standardgeräte mit einem Chipsatz schon ab Werk Bluetooth-fähig zu machen.[4] Mittlerweile beabsichtigen mehr als 2500 Unternehmen (IBM, Intel, Nokia, Toshiba...), Bluetooth-kompatible Geräte zu entwickeln. Es gibt bereits eine Reihe kabelloser Datenübertragungsformen, die schneller sind oder größere Strecken überbrücken können als Bluetooth. Keine davon ist jedoch so universell einsetzbar, leicht bedienbar und zugleich auch noch kostengünstig. Bluetooth dient dem drahtlosen Austausch von Daten und Sprache

---

[3] Wireless LAN's Networkers' Guide/ Bluetooth, HiperLAN, WLAN&Co/ Arno Kral, Heinz Kreft/ Mark und Technik Verlag (München)/ 2003/ Seite 164
[4] Wireless LAN's Networkers' Guide/ Bluetooth, HiperLAN, WLAN&Co/ Arno Kral, Heinz Kreft/ Mark und Technik Verlag (München)/ 2003/ Seite 181

und erlaubt die Koppelung bislang zueinander inkompatibel scheinender, mobiler und stationärer Geräte kabellos per Funk.

Es gibt nach wie vor ein spärliches Angebot an Bluetooth-fähigen Geräten, was an Problemen liegt, die diese Geräte haben, miteinander zu kommunizieren. Es ist zudem ein Faktum, dass Anbieter von WLAN-Produkten mit ihren Lösungen schneller aus den Startlöchern gekommen sind. Langfristig wird die Vielseitigkeit von Bluetooth dafür sorgen, dass es sich in neuen Bereichen verbreiten kann. Da der Datenaustausch über Bluetooth keinen visuellen oder harten Kontakt erfordert, kann zum Beispiel der Wartungsdienst das Störungsprotokoll der Steuereinheit eines Aufzuges drahtlos von außen lesen, um erst dann zu entscheiden, ob die Elektronik tatsächlich geöffnet werden muss.

Wenn WLAN (IEEE802.11b) und Bluetooth im gleichen Frequenzbereich gemeinsam in enger Umgebung betrieben werden, kommt es zu Interferenzen, die zu Lasten der Datenrate von IEEE802.11b gehen. Bei einer Distanz von drei Metern Entfernung, bricht die Übertragungsrate von Bluetooth um 30 Prozent, die des WLANs bis zu 70 Prozent ein. Vermeiden könnte man das mit einer Chipintegrationslösung, bei der sich beide Verfahren gewissermaßen programmiert aus dem Weg gehen. Bei Bluetooth wird im Vergleich zu einem WLAN weniger Energie verbraucht (Stromaufnahme maximal: Bluetooth 30 mA/WLAN 330 mA). Außerdem eignet sich Bluetooth für die Kommunikation über kurze Entfernungen in mobilen Geräten für sowohl Sprach- als auch Datenübertragungen. Die Vorteile des WLANs dagegen liegen in den Überbrückungen von größeren Entfernungen (bis 300 Meter), einer höheren Bruttodatenrate (11 Mbit/s) und in einem in der Praxis gereiften Standard. Zusammenfassend lässt sich sagen, dass vieles Zukunftsmusik ist, denn bislang kämpft Bluetooth noch mit Problemen. So kann es durch die Nutzung desselben Frequenzbereiches drahtlose, lokale WLANs empfindlich stören. Nachbesserungen der bisherigen Standardisierungsvereinbarungen scheinen damit unumgänglich zu sein. Ein Ausweg aus diesem Dilemma wäre zum Beispiel die langfristige Verlagerung der WLANs in den 5-GHz-Bereich.

7. Wireless-LAN contra UMTS

Häufig in den Medien als Konkurrenten beschrieben, ergänzen sich WLAN und UMTS, (Universal Mobile Telephone Standard) der Mobilfunk der 3. Generation (3G), derzeit eher noch. Vergleicht man die Systemmöglichkeiten:[5] der beiden Technologien, so findet man deutliche Unterschiede. Während UMTS ein bundesweites zellulares Mobilfunknetz mit einem exklusiven Frequenzspektrum für große Versorgungsgebiete (Radius: 1 Kilometer) ist, ist WLAN eher für die punktuelle Versorgung (Hot Spots) geeignet. Die Betreiber sind damit nicht gezwungen, kostenintensive Maßnahmen wie ein Mindesmaß an Flächenabdeckung zu garantieren und schneiden sich sozusagen mit ausgewählten Funkzellen die Filetstücke (bestes Kosten-/Nutzenverhältnis) heraus. Allerdings beträgt die Reichweite von WLAN nur 200 bis 300 Meter.

Während UMTS aus dem Standard für Mobiltelefone GSM hervorgegangen ist, war WLAN von Anfang an darauf ausgerichtet, die Kabel aus lokalen Netzwerkinstallationen zu verbannen. Dort wo UMTS nun versucht, das Internet aufs Mobiltelefon zu bringen, bekommt es doch zunehmend Konkurrenz von WLAN, das mobile Endgeräte kurzerhand in lokale Netze integriert, die ihrerseits ohnehin längst mit dem Internet verbunden sind. Ausgehend von dieser Grundlage sieht es bei einem Vergleich dieser beiden Techniken düster aus für UMTS, denn WLAN bietet heute schon einiges mehr als UMTS zu seiner Markteinführung Ende 2003 bieten wird. So werden die Daten bei WLAN mit heute 11 MBit/s wesentlich schneller übertragen als bei den versprochenen 2 MBit/s von UMTS. Wenn UMTS dann Ende 2003 auf den Markt kommt, wird WLAN zudem voraussichtlich bereits 54 MBit/s übertragen können.

Als größter Vorteil, den UMTS gegenüber WLAN zu bieten hat, wird die flächendeckende Verfügbarkeit des zukünftigen UMTS-Netzes angeführt. Aufgrund der geringen Reichweite von WLAN bräuchte man wesentlich mehr Basisstationen, um eine Stadt zu vernetzen. Auch wenn sie sich derzeit eher ergänzen, eines haben die beiden Technologien schon jetzt gemeinsam: Die großen Gewinne werden bei UMTS wie bei WLAN einmal nicht aus der Bereitstellung der Zugänge erwartet,

---

[5] Wireless LAN's Networkers' Guide/ Bluetooth, HiperLAN, WLAN&Co/ Arno Kral, Heinz Kreft/ Mark und Technik Verlag (München)/ 2003/ Seite 24

sondern durch teure Zusatzdienste wie bunte Grafiken und mehrstimmigen Töne. Die bei UMTS für solche Dienste angepeilten Preise sind dabei aufgrund der immensen Ausgaben für UMTS-Lizenzen enorm. Dem entgegen steht bei WLAN die freie Verfügbarkeit der Frequenzen. Die Investitionskosten für Tausende neue UMTS-Sendemasten stehen dabei wiederum in keinerlei Relation zu den Kosten für WLAN, die mit lediglich 500 Euro pro Basisstation zu Buche schlagen.

Zusammenfassend lässt sich sagen, dass die positive Entwicklung von WLAN einmal auf Kosten von UMTS gehen wird. Mit der Versteigerung der UMTS-Lizenzen ist eine riesige Kostenlawine ins Rolle geraten. Mobilfunkfirmen haben durch die enormen Summen, die sie in der Hoffnung auf saftige Gewinne durch ein mobiles Internet in die Entwicklung von UMTS gesteckt haben, gar keine andere Wahl mehr, als mit allen Mitteln UMTS einzuführen - eine im Vergleich zu WLAN längst überlebte Technik.

8. Wie geht es weiter?

Für die nächsten Jahre liegen rosige Prognosen für die Verbreitung von WLAN vor. (siehe Abbildung 3) Trendanalysen sagen bis 2006 eine Erhöhung der Nutzeranzahl in Europa auf 20 Millionen voraus - tausend Mal mehr als heute. Der künftige Umsatz der WLAN-Anbieter wird auf 3 Milliarden Euro geschätzt. Zudem soll 2006 ein Zehntel der Mobilfunkkunden WLAN-Dienste nutzen.

In der Zukunft werden zudem auch wirtschaftliche Überlegungen bei den Endkunden eine größere Rolle spielen. Der bisherige Weg, der Vielfalt der Funkschnittstellen und Übertragungsstandards durch Integration mehrerer Sende-/Empfangseinheiten in ein Gehäuse, Herr zu werden, wird sich aus wirtschaftlichen Gründen nicht dauerhaft vertreten lassen. Zusätzliche Komponenten verteuern die Endgeräte. Aus dieser Falle wollen Entwickler den Herstellern mit einem Software-Defined-Radio-Konzept (SDR) heraushelfen, das „over the air" downloadbare rekonfigurierbare Hardware für die Endgeräten bereitstellen soll. Dabei wird die Logik in den Bausteinen so umprogrammiert, dass sie den jeweiligen Standard versteht. Es handelt sich um die kostengünstigste Lösung des bekannten Problems, drahtlose Systeme zukünftig so zu konstruieren, dass sie durch Software-Upgrades funktional veränderbar und erweiterbar werden. So können sowohl einzelne Systeme wie Notebooks und PDAs als auch Netzwerkequipment wie WLAN-Infrastrukturelemente durch Software dynamisch reprogrammiert werden, um sich gegenseitig anzupassen. Dadurch können sie die Funkschnittstelle an die erforderliche Dienstgüte und Übertragungssituation der vorhandenen Netzinfrastruktur adaptieren. Die Flexibilität rührt daraus, dass sie Sende- und Empfangssignale so weit wie möglich per Software bearbeiten.

Eine weitere Anwendung dieser Technik ist der Einsatz von herunterladbaren Protokollen, wobei sich die Endgeräte automatisch vom Access Point die Protokolle abholen, die sie für die jeweilige Situation benötigen. Das kann aber nur über ein einheitlich standardisiertes System erfolgen, durch eine Art Netzwerk-BIOS. Mit anderen Worten: Das gleiche Stück Hardware kann so durch Hardware verändert werden, dass es zu unterschiedlichen Zeiten unterschiedliche Funktionen wahr nehmen kann.

Während die technologische Entwicklung drahtloser Kommunikationslösungen läuft und sich WLANs gemäßig IEEE802.11 bereits am Mark etablieren, fehlt jedoch noch ein bezahlbares Bezahlsystem, das auch für Kleinbeträge einsetzbar ist. Fehlen meint damit nicht den Mangel an verfügbaren Bezahlsystemen, sondern den Mangel an einer breiten Nutzerakzeptanz. Ein faires mobiles Bezahlsystem befindet sich unter dem Namen FairCASH im Konzeptstadium auf dem Designer-Reißbrett. Es verfügt über ähnliche Attribute wie das bekannte Bargeld mit dem Unterschied seiner elektronischen Existenz. Es stellt als virtuelles eGeld die natürliche Zahlungsmittelergänzung zum physikalischen Geld (Münzen, Scheine) in einer drahtlos vernetzten Welt dar.

Anwender werden sich wohl noch einige Zeit gedulden müssen, bis sie auf ein global aufgespanntes Weltnetz zurückgreifen können, in dem es gleichgültig ist, ob als Netzwerkarchitektur LAN, IEEE-WLAN, HiperLan/2, Bluetooth oder UMTS vorliegt – nahtloses Roaming inklusive. Dennoch - die Welt wird ohne Zweifel drahtloser. Denn trotz des Hickhacks um 5-GHz-Frequenzbänder, UMTS-Lizenzen oder ISM-Kanäle setzt die IT-Industrie massiv auf drahtlos. Nachdem der PC-Boom abgeklungen und die Internetblase geplatzt sind[6], brauchen die elektronischen Alltagshelfer neue Zugpferde. Da kommen die Komfortversprechungen der drahtlosen

---

[6] Vgl. Wireless LAN's Networkers' Guide/ Bluetooth, HiperLAN, WLAN&Co/ Amo Kral, Heinz Kreft/ Mark und Technik Verlag (München)/ 2003/ Seite 37

Horizonterweiterungen gerade recht. Und die enden nicht bei WLAN, Bluetooth oder HiperLAN, sondern gehen noch viel weiter, was Bandbreite und Übertragungskapazität betrifft. Mit Ultra Wide Band (UWB) wollen europäische und amerikanische Entwickler und Regulierer in den Frequenzbereich zwischen 3,1 und 10,6 GHz vordringen, in denen sie selbst Mauern mit drahtlosen Datenraten jenseits der 100 MBit/s durchdringen. Im 24 GHz-Band sollen per Kurzstreckenradar künftig Kraftfahrzeuge selbständig den Abstand zueinander und zum Straßenrand halten, während ihre Insassen drahtlos fernsehen, telefonieren oder spielen.

Viele der dargestellten Entwicklungen werden nach und nach erfolgen, was Anwender in ihre strategischen Ausbaupläne einbeziehen sollten, um so den für sie optimalen Entwicklungspfad im WLAN-Bereich zu beschreiten. Dazu gehört auch die Einplanung von zukünftigen Produktfeatures, die Klärung von Administrationsfähikeiten künftiger Produkte und deren Preise. Außerdem wird diese Entwicklung durch ein starkes Preisabrutschen der Wireless-Geräte gekennzeichnet werden, was bereits teilweise der Fall ist.

9. ANHANG

9.1 Quellenangaben

Wireless LAN's Networkers' Guide/ Bluetooth, HiperLAN, WLAN&Co/ Arno Kral, Heinz Kreft/ Mark und Technik Verlag (München)/ 2003

Wireless LAN/Protokolle und Anwendungen/Axel Sikora/ Addison-Wesley Verlag (2001)

www.ba-loerrach.de/~sikora/wlanbuch/wlanbuch.htm

www.tu-chemnitz.de/urz/netz/wlan

www.chip.de

www.handelsblatt.com

9.2 Abbildungsverzeichnis

Abbildung 1

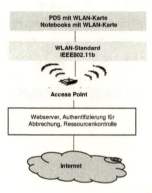

Abbildung 2

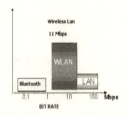

Abbildung 3

www.ingramcontent.com/pod-product-compliance
Lightning Source LLC
LaVergne TN
LVHW042318060326
832902LV00010B/1572

* 9 7 8 3 6 3 8 7 4 6 9 0 8 *